中华人民共和国
国际海运条例

中国法制出版社

目　　录

中华人民共和国国务院令（第764号） ……… （1）

国务院关于修改和废止部分行政法规的决定

　（节录） …………………………………… （2）

中华人民共和国国际海运条例 ………………… （9）

中华人民共和国国务院令

第 764 号

现公布《国务院关于修改和废止部分行政法规的决定》,自公布之日起施行。

总理　李强

2023 年 7 月 20 日

国务院关于修改和废止部分行政法规的决定（节录）

为贯彻实施新修订的《中华人民共和国行政处罚法》，推进严格规范公正文明执法，优化法治化营商环境，并落实修改后的《中华人民共和国人口与计划生育法》等法律，国务院对涉及的行政法规进行了清理。经过清理，国务院决定：

一、对14部行政法规的部分条款予以修改。

二、废止《产品质量监督试行办法》（1985年3月7日国务院批准　1985年3月15日国家标准局发布　根据2011年1月8日《国务院关于废止和修改部分行政法规的决定》修订）。

本决定自公布之日起施行。

附件：国务院决定修改的行政法规

附件

国务院决定修改的行政法规

一、将《中华人民共和国国际海运条例》第四条增加一款,作为第二款:"国务院交通主管部门和有关的地方人民政府交通主管部门应当对国际海上运输及其辅助性业务的经营者和从业人员实施信用管理,并将相关信用记录纳入全国信用信息共享平台。"

第五条修改为:"经营国际客船、国际散装液体危险品船运输业务,应当具备下列条件:

"(一)取得企业法人资格;

"(二)有与经营业务相适应的船舶,其中必须有中国籍船舶;

"(三)投入运营的船舶符合国家规定的海上交通安全技术标准;

"(四)有提单、客票或者多式联运单证;

"(五)有具备国务院交通主管部门规定的从业资格的高级业务管理人员。

"经营国际集装箱船、国际普通货船运输业务，应当取得企业法人资格，并有与经营业务相适应的船舶。"

第六条修改为："经营国际客船、国际散装液体危险品船运输业务，应当向国务院交通主管部门提出申请，并附送符合本条例第五条规定条件的相关材料。国务院交通主管部门应当自受理申请之日起30日内审核完毕，作出许可或者不予许可的决定。予以许可的，向申请人颁发《国际船舶运输经营许可证》；不予许可的，应当书面通知申请人并告知理由。

"国务院交通主管部门审核国际客船、国际散装液体危险品船运输业务申请时，应当考虑国家关于国际海上运输业发展的政策和国际海上运输市场竞争状况。

"申请经营国际客船运输业务，并同时申请经营国际班轮运输业务的，还应当附送本条例第十一条规定的相关材料，由国务院交通主管部门一并审核、登记。

"经营国际集装箱船、国际普通货船运输业务，应当自开业之日起15日内向省、自治区、直辖市人民政府交通主管部门备案，备案信息包括企业名称、注册地、联系方式、船舶情况。"

第七条第一款修改为："经营无船承运业务，应当自开业之日起15日内向省、自治区、直辖市人民政府交通主管部门备案，备案信息包括企业名称、注册地、联系方式。"

删去第八条、第十六条、第二十条、第三十六条、第四十三条。

第九条改为第八条，修改为："国际客船、国际散装液体危险品船运输经营者，不得将依法取得的经营资格提供给他人使用。"

第十条改为第九条，修改为："国际客船、国际散装液体危险品船运输经营者依照本条例的规定取得相应的经营资格后，不再具备本条例规定的条件的，国务院交通主管部门应当立即取消其经营资格。"

第十八条改为第十六条，修改为："国际客船、国际散装液体危险品船运输经营者有下列情形之一的，应当在情形发生之日起15日内，向国务院交通主管部门备案：

"（一）终止经营；

"（二）减少运营船舶；

"（三）变更提单、客票或者多式联运单证；

"（四）在境外设立分支机构或者子公司经营相应业务；

"（五）拥有的船舶在境外注册，悬挂外国旗。

"国际客船、国际散装液体危险品船运输经营者增加运营船舶的，增加的运营船舶必须符合国家规定的安全技术标准，并应当于投入运营前15日内向国务院交通主管部门备案。国务院交通主管部门应当自收到备案材料之日起3日内出具备案证明文件。

"其他中国企业有本条第一款第（四）项、第（五）项所列情形之一的，应当依照本条第一款规定办理备案手续。

"国际集装箱船运输经营者、国际普通货船运输经营者和无船承运业务经营者终止经营的，应当自终止经营之日起15日内向省、自治区、直辖市人民政府交通主管部门备案。"

第二十八条、第四十二条中的"本条例第二十一条"修改为"本条例第十八条"。

第三十五条改为第三十二条，修改为："未取得

《国际船舶运输经营许可证》,擅自经营国际客船、国际散装液体危险品船运输业务的,由国务院交通主管部门或者其授权的地方人民政府交通主管部门责令停止经营;有违法所得的,没收违法所得;违法所得50万元以上的,处违法所得2倍以上5倍以下的罚款;没有违法所得或者违法所得不足50万元的,处20万元以上100万元以下的罚款。

"从事国际集装箱船、国际普通货船运输业务没有与经营国际海上运输业务相适应的船舶的,由省、自治区、直辖市人民政府交通主管部门责令改正;情节严重的,责令停业整顿。"

第三十九条改为第三十五条,修改为:"国际客船、国际散装液体危险品船运输经营者将其依法取得的经营资格提供给他人使用的,由国务院交通主管部门或者其授权的地方人民政府交通主管部门责令限期改正;逾期不改正的,撤销其经营资格。"

第四十条改为第三十六条,修改为:"未履行本条例规定的备案手续的,由国务院交通主管部门或者省、自治区、直辖市人民政府交通主管部门责令限期补办备案手续;逾期不补办的,处1万元以上5万元以下的罚款，并可以撤销其相应资格。"

第四十五条改为第四十条，将其中的"并处2万元以上10万元以下的罚款"修改为"处2万元以下的罚款；情节严重的，处2万元以上10万元以下的罚款"。

第四十九条改为第四十四条，修改为："外国国际船舶运输经营者未经国务院交通主管部门批准，不得经营中国内地与台湾地区之间的双向直航和经第三地的船舶运输业务。

"外国国际船舶运输经营者未经省、自治区、直辖市人民政府交通主管部门批准，不得经营中国内地与香港特别行政区、澳门特别行政区之间的客船、散装液体危险品船运输业务。外国国际船舶运输经营者经营中国内地与香港特别行政区、澳门特别行政区之间的集装箱船、普通货船运输业务应当向省、自治区、直辖市人民政府交通主管部门备案。"

……

此外，对相关行政法规中的条文序号作相应调整。

中华人民共和国国际海运条例

（2001年12月11日中华人民共和国国务院令第335号公布 根据2013年7月18日《国务院关于废止和修改部分行政法规的决定》第一次修订 根据2016年2月6日《国务院关于修改部分行政法规的决定》第二次修订 根据2019年3月2日《国务院关于修改部分行政法规的决定》第三次修订 根据2023年7月20日《国务院关于修改和废止部分行政法规的决定》第四次修订）

第一章 总 则

第一条 为了规范国际海上运输活动，保护公平竞争，维护国际海上运输市场秩序，保障国际海上运输各方当事人的合法权益，制定本条例。

第二条　本条例适用于进出中华人民共和国港口的国际海上运输经营活动以及与国际海上运输相关的辅助性经营活动。

前款所称与国际海上运输相关的辅助性经营活动，包括本条例分别规定的国际船舶代理、国际船舶管理、国际海运货物装卸、国际海运货物仓储、国际海运集装箱站和堆场等业务。

第三条　从事国际海上运输经营活动以及与国际海上运输相关的辅助性经营活动，应当遵循诚实信用的原则，依法经营，公平竞争。

第四条　国务院交通主管部门和有关的地方人民政府交通主管部门依照本条例规定，对国际海上运输经营活动实施监督管理，并对与国际海上运输相关的辅助性经营活动实施有关的监督管理。

国务院交通主管部门和有关的地方人民政府交通主管部门应当对国际海上运输及其辅助性业务的经营者和从业人员实施信用管理，并将相关信用记录纳入全国信用信息共享平台。

第二章 国际海上运输及其辅助性业务的经营者

第五条 经营国际客船、国际散装液体危险品船运输业务,应当具备下列条件:

(一)取得企业法人资格;

(二)有与经营业务相适应的船舶,其中必须有中国籍船舶;

(三)投入运营的船舶符合国家规定的海上交通安全技术标准;

(四)有提单、客票或者多式联运单证;

(五)有具备国务院交通主管部门规定的从业资格的高级业务管理人员。

经营国际集装箱船、国际普通货船运输业务,应当取得企业法人资格,并有与经营业务相适应的船舶。

第六条 经营国际客船、国际散装液体危险品船运输业务,应当向国务院交通主管部门提出申请,并附送符合本条例第五条规定条件的相关材料。国务院交通主管部门应当自受理申请之日起 30 日内审核完毕，作出许可或者不予许可的决定。予以许可的，向申请人颁发《国际船舶运输经营许可证》；不予许可的，应当书面通知申请人并告知理由。

国务院交通主管部门审核国际客船、国际散装液体危险品船运输业务申请时，应当考虑国家关于国际海上运输业发展的政策和国际海上运输市场竞争状况。

申请经营国际客船运输业务，并同时申请经营国际班轮运输业务的，还应当附送本条例第十一条规定的相关材料，由国务院交通主管部门一并审核、登记。

经营国际集装箱船、国际普通货船运输业务，应当自开业之日起15日内向省、自治区、直辖市人民政府交通主管部门备案，备案信息包括企业名称、注册地、联系方式、船舶情况。

第七条 经营无船承运业务，应当自开业之日起15日内向省、自治区、直辖市人民政府交通主管部门备案，备案信息包括企业名称、注册地、联系方式。

前款所称无船承运业务，是指无船承运业务经营者以承运人身份接受托运人的货载，签发自己的提单或者其他运输单证，向托运人收取运费，通过国际船舶运输经营者完成国际海上货物运输，承担承运人责任的国际海上运输经营活动。

在中国境内经营无船承运业务，应当在中国境内依法设立企业法人。

第八条　国际客船、国际散装液体危险品船运输经营者，不得将依法取得的经营资格提供给他人使用。

第九条　国际客船、国际散装液体危险品船运输经营者依照本条例的规定取得相应的经营资格后，不再具备本条例规定的条件的，国务院交通主管部门应当立即取消其经营资格。

第三章　国际海上运输及其辅助性业务经营活动

第十条　国际船舶运输经营者经营进出中国港口的国际班轮运输业务，应当依照本条例的规定取得国际班轮运输经营资格。

未取得国际班轮运输经营资格的，不得从事国际班轮运输经营活动，不得对外公布班期、接受订舱。

以共同派船、舱位互换、联合经营等方式经营国际班轮运输的，适用本条第一款的规定。

第十一条 经营国际班轮运输业务，应当向国务院交通主管部门提出申请，并附送下列材料：

（一）国际船舶运输经营者的名称、注册地、营业执照副本、主要出资人；

（二）经营者的主要管理人员的姓名及其身份证明；

（三）运营船舶资料；

（四）拟开航的航线、班期及沿途停泊港口；

（五）运价本；

（六）提单、客票或者多式联运单证。

国务院交通主管部门应当自收到经营国际班轮运输业务申请之日起30日内审核完毕。申请材料真实、齐备的，予以登记，并通知申请人；申请材料不真实或者不齐备的，不予登记，书面通知申请人并告知理由。

第十二条 取得国际班轮运输经营资格的国际船舶运输经营者，应当自取得资格之日起180日内开航；因不可抗力并经国务院交通主管部门同意，可以延期90日。逾期未开航的，国际班轮运输经营资格自期满之日起丧失。

第十三条 新开、停开国际班轮运输航线，或者变更国际班轮运输船舶、班期的，应当提前15日予以公告，并应当自行为发生之日起15日内向国务院交通主管部门备案。

第十四条 经营国际班轮运输业务的国际船舶运输经营者的运价和无船承运业务经营者的运价，应当按照规定格式向国务院交通主管部门备案。国务院交通主管部门应当指定专门机构受理运价备案。

备案的运价包括公布运价和协议运价。公布运价，是指国际船舶运输经营者和无船承运业务经营者运价本上载明的运价；协议运价，是指国际船舶运输经营者与货主、无船承运业务经营者约定的运价。

公布运价自国务院交通主管部门受理备案之日起满30日生效；协议运价自国务院交通主管部门受理备案之时起满24小时生效。

国际船舶运输经营者和无船承运业务经营者应当执行生效的备案运价。

第十五条　从事国际班轮运输的国际船舶运输经营者之间订立涉及中国港口的班轮公会协议、运营协议、运价协议等，应当自协议订立之日起15日内将协议副本向国务院交通主管部门备案。

第十六条　国际客船、国际散装液体危险品船运输经营者有下列情形之一的，应当在情形发生之日起15日内，向国务院交通主管部门备案：

（一）终止经营；

（二）减少运营船舶；

（三）变更提单、客票或者多式联运单证；

（四）在境外设立分支机构或者子公司经营相应业务；

（五）拥有的船舶在境外注册，悬挂外国旗。

国际客船、国际散装液体危险品船运输经营者增加运营船舶的，增加的运营船舶必须符合国家规定的安全技术标准，并应当于投入运营前15日内向国务院交通主管部门备案。国务院交通主管部门应当自收到备案材料之日起3日内出具备案证明文件。

其他中国企业有本条第一款第（四）项、第（五）项所列情形之一的，应当依照本条第一款规定办理备案手续。

国际集装箱船运输经营者、国际普通货船运输经营者和无船承运业务经营者终止经营的，应当自终止经营之日起15日内向省、自治区、直辖市人民政府交通主管部门备案。

第十七条 经营国际船舶运输业务、无船承运业务和国际船舶代理业务，在中国境内收取、代为收取运费以及其他相关费用，应当向付款人出具中国税务机关统一印制的发票。

第十八条 经营国际船舶运输业务和无船承运业务，不得有下列行为：

（一）以低于正常、合理水平的运价提供服务，妨碍公平竞争；

（二）在会计账簿之外暗中给予托运人回扣，承揽货物；

（三）滥用优势地位，以歧视性价格或者其他限制性条件给交易对方造成损害；

（四）其他损害交易对方或者国际海上运输市场秩序的行为。

第十九条 外国国际船舶运输经营者从事本章规

定的有关国际船舶运输活动，应当遵守本条例有关规定。

外国国际船舶运输经营者不得经营中国港口之间的船舶运输业务，也不得利用租用的中国籍船舶或者舱位，或者以互换舱位等方式变相经营中国港口之间的船舶运输业务。

第二十条　国际船舶代理经营者接受船舶所有人或者船舶承租人、船舶经营人的委托，可以经营下列业务：

（一）办理船舶进出港口手续，联系安排引航、靠泊和装卸；

（二）代签提单、运输合同，代办接受订舱业务；

（三）办理船舶、集装箱以及货物的报关手续；

（四）承揽货物、组织货载，办理货物、集装箱的托运和中转；

（五）代收运费，代办结算；

（六）组织客源，办理有关海上旅客运输业务；

（七）其他相关业务。

国际船舶代理经营者应当按照国家有关规定代扣代缴其所代理的外国国际船舶运输经营者的税款。

第二十一条　国际船舶管理经营者接受船舶所有人或者船舶承租人、船舶经营人的委托，可以经营下列业务：

（一）船舶买卖、租赁以及其他船舶资产管理；
（二）机务、海务和安排维修；
（三）船员招聘、训练和配备；
（四）保证船舶技术状况和正常航行的其他服务。

第四章　外商投资经营国际海上运输及其辅助性业务的特别规定

第二十二条　外商在中国境内投资经营国际海上运输业务以及与国际海上运输相关的辅助性业务，适用本章规定，本章没有规定的，适用本条例其他有关规定。

第二十三条　外商可以依照有关法律、行政法规以及国家其他有关规定，投资经营国际船舶运输、国际船舶代理、国际船舶管理、国际海运货物装卸、国际海运货物仓储、国际海运集装箱站和堆场业务。

第二十四条　外国国际船舶运输经营者以及外国

国际海运辅助企业在中国境内设立的常驻代表机构，不得从事经营活动。

第五章 调查与处理

第二十五条 国务院交通主管部门应利害关系人的请求或者自行决定，可以对下列情形实施调查：

（一）经营国际班轮运输业务的国际船舶运输经营者之间订立的涉及中国港口的班轮公会协议、运营协议、运价协议等，可能对公平竞争造成损害的；

（二）经营国际班轮运输业务的国际船舶运输经营者通过协议产生的各类联营体，其服务涉及中国港口某一航线的承运份额，持续1年超过该航线总运量的30%，并可能对公平竞争造成损害的；

（三）有本条例第十八条规定的行为之一的；

（四）可能损害国际海运市场公平竞争的其他行为。

第二十六条 国务院交通主管部门实施调查，应当会同国务院市场监督管理部门（以下统称调查机关）共同进行。

第二十七条 调查机关实施调查，应当成立调查组。调查组成员不少于3人。调查组可以根据需要，聘请有关专家参加工作。

调查组进行调查前，应当将调查目的、调查原因、调查期限等事项通知被调查人。调查期限不得超过1年；必要时，经调查机关批准，可以延长半年。

第二十八条 调查人员进行调查，可以向被调查人以及与其有业务往来的单位和个人了解有关情况，并可查阅、复制有关单证、协议、合同文本、会计账簿、业务函电、电子数据等有关资料。

调查人员进行调查，应当保守被调查人以及与其有业务往来的单位和个人的商业秘密。

第二十九条 被调查人应当接受调查，如实提供有关情况和资料，不得拒绝调查或者隐匿真实情况、谎报情况。

第三十条 调查结束，调查机关应当作出调查结论，书面通知被调查人、利害关系人。

对公平竞争造成损害的，调查机关可以采取责令修改有关协议、限制班轮航班数量、中止运价本或者暂停受理运价备案、责令定期报送有关资料等禁止性、限制性措施。

第三十一条　调查机关在作出采取禁止性、限制性措施的决定前，应当告知当事人有要求举行听证的权利；当事人要求听证的，应当举行听证。

第六章　法律责任

第三十二条　未取得《国际船舶运输经营许可证》，擅自经营国际客船、国际散装液体危险品船运输业务的，由国务院交通主管部门或者其授权的地方人民政府交通主管部门责令停止经营；有违法所得的，没收违法所得；违法所得50万元以上的，处违法所得2倍以上5倍以下的罚款；没有违法所得或者违法所得不足50万元的，处20万元以上100万元以下的罚款。

从事国际集装箱船、国际普通货船运输业务没有与经营国际海上运输业务相适应的船舶的，由省、自治区、直辖市人民政府交通主管部门责令改正；情节严重的，责令停业整顿。

第三十三条　外国国际船舶运输经营者经营中国

港口之间的船舶运输业务，或者利用租用的中国籍船舶和舱位以及用互换舱位等方式经营中国港口之间的船舶运输业务的，由国务院交通主管部门或者其授权的地方人民政府交通主管部门责令停止经营；有违法所得的，没收违法所得；违法所得50万元以上的，处违法所得2倍以上5倍以下的罚款；没有违法所得或者违法所得不足50万元的，处20万元以上100万元以下的罚款。拒不停止经营的，拒绝进港；情节严重的，撤销其国际班轮运输经营资格。

第三十四条 未取得国际班轮运输经营资格，擅自经营国际班轮运输的，由国务院交通主管部门或者其授权的地方人民政府交通主管部门责令停止经营；有违法所得的，没收违法所得；违法所得50万元以上的，处违法所得2倍以上5倍以下的罚款；没有违法所得或者违法所得不足50万元的，处20万元以上100万元以下的罚款。拒不停止经营的，拒绝进港。

第三十五条 国际客船、国际散装液体危险品船运输经营者将其依法取得的经营资格提供给他人使用的，由国务院交通主管部门或者其授权的地方人民政府交通主管部门责令限期改正；逾期不改正的，撤销其经营资格。

第三十六条　未履行本条例规定的备案手续的，由国务院交通主管部门或者省、自治区、直辖市人民政府交通主管部门责令限期补办备案手续；逾期不补办的，处1万元以上5万元以下的罚款，并可以撤销其相应资格。

第三十七条　未履行本条例规定的运价备案手续或者未执行备案运价的，由国务院交通主管部门或者其授权的地方人民政府交通主管部门责令限期改正，并处2万元以上10万元以下的罚款。

第三十八条　依据调查结论应当给予行政处罚或者有本条例第十八条所列违法情形的，由交通主管部门、市场监督管理部门依照有关法律、行政法规的规定给予处罚。

第三十九条　外国国际船舶运输经营者以及外国国际海运辅助企业常驻代表机构从事经营活动的，由市场监督管理部门责令停止经营活动，并依法给予处罚。

第四十条　拒绝调查机关及其工作人员依法实施调查，或者隐匿、谎报有关情况和资料的，由国务院交通主管部门或者其授权的地方人民政府交通主管部门责令改正，处2万元以下的罚款；情节严重的，处2万元以上10万元以下的罚款。

第四十一条 非法从事进出中国港口的国际海上运输经营活动以及与国际海上运输相关的辅助性经营活动，扰乱国际海上运输市场秩序的，依照刑法关于非法经营罪的规定，依法追究刑事责任。

第四十二条 国务院交通主管部门和有关地方人民政府交通主管部门的工作人员有下列情形之一，造成严重后果，触犯刑律的，依照刑法关于滥用职权罪、玩忽职守罪或者其他罪的规定，依法追究刑事责任；尚不够刑事处罚的，依法给予行政处分：

（一）对符合本条例规定条件的申请者不予审批、许可、登记、备案，或者对不符合本条例规定条件的申请者予以审批、许可、登记、备案的；

（二）对经过审批、许可、登记、备案的国际船舶运输经营者、无船承运业务经营者不依照本条例的规定实施监督管理，或者发现其不再具备本条例规定的条件而不撤销其相应的经营资格，或者发现其违法行为后不予以查处的；

（三）对监督检查中发现的未依法履行审批、许可、登记、备案的单位和个人擅自从事国际海上运输经营活动以及与国际海上运输相关的辅助性经营活动，不立即予以取缔，或者接到举报后不依法予以处理的。

第七章　附　　则

第四十三条　香港特别行政区、澳门特别行政区和台湾地区的投资者在内地投资经营国际海上运输业务以及与国际海上运输相关的辅助性业务，比照适用本条例。

第四十四条　外国国际船舶运输经营者未经国务院交通主管部门批准，不得经营中国内地与台湾地区之间的双向直航和经第三地的船舶运输业务。

外国国际船舶运输经营者未经省、自治区、直辖市人民政府交通主管部门批准，不得经营中国内地与香港特别行政区、澳门特别行政区之间的客船、散装液体危险品船运输业务。外国国际船舶运输经营者经营中国内地与香港特别行政区、澳门特别行政区之间的集装箱船、普通货船运输业务应当向省、自治区、直辖市人民政府交通主管部门备案。

第四十五条 内地与香港特别行政区、澳门特别行政区之间的海上运输，由国务院交通主管部门依照本条例制定管理办法。

内地与台湾地区之间的海上运输，依照国家有关规定执行。

第四十六条 任何国家或者地区对中华人民共和国国际海上运输经营者、船舶或者船员采取歧视性的禁止、限制或者其他类似措施的，中华人民共和国政府根据对等原则采取相应措施。

第四十七条 本条例施行前已从事国际海上运输经营活动以及与国际海上运输相关的辅助性经营活动的，应当在本条例施行之日起60日内按照本条例的规定补办有关手续。

第四十八条 本条例自2002年1月1日起施行。1990年12月5日国务院发布、1998年4月18日国务院修订发布的《中华人民共和国海上国际集装箱运输管理规定》同时废止。

中华人民共和国国际海运条例
ZHONGHUA RENMIN GONGHEGUO GUOJI HAIYUN TIAOLI

经销/新华书店
印刷/保定市中画美凯印刷有限公司

开本/850 毫米×1168 毫米　32 开	印张/1　字数/11 千
版次/2023 年 12 月第 1 版	2023 年 12 月第 1 次印刷

中国法制出版社出版

书号 ISBN 978-7-5216-4003-8　　　　　　定价：5.00 元

北京市西城区西便门西里甲 16 号西便门办公区
邮政编码：100053　　　　　　　传真：010-63141600
网址：http://www.zgfzs.com　　编辑部电话：010-63141663
市场营销部电话：010-63141612　　印务部电话：010-63141606

（如有印装质量问题，请与本社印务部联系。）